La "Reforma Migratoria" Estados Unidos

!Nos la Debe!

2da Edición

Con la participación especial de Margarita Balderrama a quien le agradezco infinitamente su valiosa intervención.

En su Serie *¿Realidades o Novelas?*

para opiniones, preguntas y comentarios: al correo electrónico: javyjg@yahoo.com

o en FACEBOOK @realidadesonovelas

o en TWITTER   @realidadesonovelas

SINOPSIS

Conservando nuestro estilo que **Son Escritos Cortitos** pero **DICEN MUCHO** ponemos a su consideración las razones del porque decimos que **La "Reforma Migratoria" Estados Unidos !Nos la Debe!** y cuál es la razón histórica de TANTOS mexicanos y latinos en general en Estados Unidos y de lo que debieran de acordarse los representantes de Estados Unidos ANTES de seguir negando esta reforma y esta realidad.

Les presentaremos de forma clara, con realidades históricas, sociales y laborales de manera cronológica cómo han venido sucediendo los acontecimientos desde el "Inicio" de los mojados o Indocumentados hasta esta fecha en que existen muchos "ilegales" pero también muchos "legales" de tercera y hasta cuarta generación en Estados Unidos y el porqué decimos que **La "Reforma Migratoria" Estados Unidos !Nos la Debe!**

PROLOGO

javyjg@yahoo.com Javier García, nací en México, desde joven tuve la inquietud de escribir, pero antes de darme ese gusto, primero trate de haber cumplido con la vida, como fue estudiar, casarme con una esposa maravillosa, tener 2 hijas que nos han dado muchas satisfacciones a las que les inculcamos buenas costumbres, moralidad y buenos sentimientos, tratándolas de dirigir siempre por el buen camino y apoyándolas hasta terminar la universidad, sugiriéndoles que con sus hijos ellas hagan lo mismo para que ellos empiecen "desde donde ellas llegaron" y que cada generación sea mejor, recordándoles que a ellas las educamos "con el ejemplo" y corrigiendo con sus hijos, según sus experiencias los errores que como padres hayamos tenido y pidiéndoles que por favor nos disculpen por ellos, pero que tengan la plena seguridad que lo hicimos lo mejor que pudimos y con mucho amor. Así que ahora, después de esta aclaración y de agradecerles a mi esposa e hijas el haber recibido de ellas tanto amor, apoyo y satisfacciones puedo dedicarles con todo mi amor esta etapa de mi vida y darme el gusto de presentar al público esta su Serie ¿Realidades o Novelas? que son **Escritos Cortitos** PERO **Dicen Mucho.**

INDICE

Capítulo 8   Situación actual que aunada al maltrato y abuso que hemos tenido del Planeta Tierra con sus respectivas consecuencias ya pone en peligro la subsistencia de la humanidad

Capítulo 9   Retomando nuestro "Tema" del porque una "Reforma Migratoria" "!Si"! SERIA Justa y NECESARIA

Capítulo 10   Todo problema debe de presentarse con su respectiva solución y para ese fin iremos aproximándonos a la actualidad paso a paso pues "el Desempleo y la FALTA de dinero Circulante en la población y por ende la FALTA de "poder Adquisitivo" es un problema enorme que se le ha salido de las manos al País Más Poderoso del Mundo

Capítulo 11   Aquí es prudente hacer OTRA aclaración _"para aquellos ignorantes"_   que dicen que los Indocumentados les están quitando los trabajos

Capítulo 12 Por último y para pasar a "La solución propuesta"

La "Reforma Migratoria" Estados Unidos

!Nos la Debe!

2da Edición

En su Serie ¿*"Realidades o Novelas"*?

e-mail: javyjg@yahoo.com   o en FACEBOOK y TWITTER: @realidadesonovelas

En esta ocasión les presentamos a su consideración las razones del porque decimos que **La "Reforma Migratoria" Estados Unidos !Nos la Debe!** y cuál es la razón histórica de TANTOS mexicanos y latinos en general en Estados Unidos y de lo que debieran de acordarse los representantes de Estados Unidos ANTES de seguir negando esta reforma y esta realidad.

Lo primero que deberían de analizar para tomar esta decisión, es el porqué TANTOS " ilegales " pero también porque TANTOS " legales " y MUCHOS ya de Tercera y hasta Cuarta Generación.

Capítulo 1

Breve recordatorio histórico y cronológico que originó el problema: Dirigido principalmente para estas personas que aún no se han decidido a aprobar esta Reforma Migratoria. Nos remontaremos y veremos muy por encimita, sin juzgar ni opinar de la situación histórica, política ni de ninguna otra especie la época de "La Segunda Guerra Mundial" y solo trataremos para estos comentarios la relación de México y Estados Unidos hacia los años cuarentas y muy brevemente la época en que las potencias aliadas, contra las llamadas potencias del eje tuvieron unos 21 años después de la Primera Guerra Mundial conocida también como la Gran Guerra que tuvo lugar en Europa, en que Alemania pidió el armisticio, dando origen entre otras muchas cosas al Tratado de Versalles el 28 de junio de 1919 Tratado que más tarde rompió Hitler, pudiendo haber sido este uno de los principales detonantes para dar inicio a la Segunda Guerra Mundial y una de las principales razones por las que se le llamó "Guerra Mundial" es porque estuvieron involucrados en este conflicto armado las principales potencias mundiales, el caso es que en esta ocasión lo que nos lleva a ubicarnos en esta época es el análisis del porque decimos que **La "Reforma Migratoria" Estados Unidos !Nos la Debe!**

Analicemos cual ha sido el Apoyo de México desde entonces y HASTA la fecha para con Estados Unidos, para lo que nos remontamos a esa época cuando el Gobierno de Estados Unidos se vio en la necesidad de mandar al frente de batalla a sus ciudadanos y a toda la gente que pudo, teniendo que modificar la gran mayoría de sus fábricas para una producción de pertrechos de guerra, armamentos, municiones y todo lo mucho que se requería para una Guerra, dejando con esta necesaria acción desprotegida a la población de Estados Unidos de muchas de las cosas necesarias para el diario vivir y dejando sin hombres sus tierras de cultivo con lo que tendrían un catastrófico desabasto de comida en Estados Unidos con lo que hubiera existido la gran posibilidad de perder la Guerra de Adentro hacia Afuera por la falta de comida para su gente y demás artículos y cosas necesarias para la vida que habían dejado de producir sus fábricas que ahora se dedicaban a producción propia de una época de guerra, carencias que se vieron mas intensificadas para la segunda mitad de este conflicto pues Estados Unidos se vio obligado por las circunstancias a mandar más de sus pocos hombres que todavía seguían haciendo esfuerzos por producir los alimentos y lo más indispensable para la subsistencia del pueblo americano para esos entonces, pero al no tener Estados Unidos otro remedio que mandar más gente al frente de batalla, tuvo que recurrir a sus vecinos de México que hasta ese entonces se mantenía imparcial, pidiéndoles el apoyo que en ese momento histórico se necesitaba.

En ese entonces el presidente de los Estados Unidos de Norteamérica era el Presidente Franklin D Roosevelt quien se entrevistó con el Presidente de la República Mexicana Miguel Ávila Camacho en la ciudad de Monterrey, NL en 1943 pues ya para esas fechas estaban muy presionados por falta de mano de obra y requerían de ayuda de sus vecinos del sur, pidiéndole el apoyo ante esta situación   y México como siempre, como buen vecino y como un verdadero y eficiente "aliado" de Estados Unidos respondió cambiando la producción de sus fábricas por la producción que necesitaba Estados Unidos y "Bajando el Ritmo" su producción "Agrícola y Ganadera" para darle ESE apoyo a Estadios Unidos NO Obstante que para ese entonces era uno de sus principales ingresos y requerimientos para el consumo y abasto interno del país y que para esas fechas era suficiente para México, momento en que "La Paridad" del dólar era muy buena con respecto al "Peso" y que NO había "Tantos Mojados" <u>pues si los hubiera habido no hubiera sido necesario que el</u>

Presidente de los Estados Unidos se molestara para Ir a México y en persona a pedir Apoyo y ofrecer Visas de Trabajo para TODOS los que quisieran Ir en Ayuda de nuestro buen vecino, dando con esto el apoyo que Estados Unidos necesitaba PERO dejando "en el abandono" las tierras y ganadería mexicanas con el incentivo y voluntad de que GANARAMOS la Guerra, invitación que aprovecharon para unirse gente de toda la República Mexicana, Centroamérica, Sudamérica y de otras partes del mundo y una vez resuelta la necesidad de Estados Unidos, a todos se les dijo que ya no los necesitaban que "Ya se Fueran" que Ya NO Había Permisos de Trabajo. Solo que ya Toda Esa Gente que FUERON los que Se convirtieron el _**Los Primeros**_ "Ilegales" ya tenían una nueva familia con hijos en este país y en su tierra ya No tenían NADA.

Capítulo 2

Lo que mostro una falta total de reciprocidad, justicia social e histórica y ahora simplemente en reflexión a ese momento, ESO sería SUFICIENTE para que las personas con el poder de Aprobar ESA esperada "Reforma Migratoria" recordaran tantito su historia y la Aprobaran, pues como consecuencia al apoyo obtenido en esos momentos críticos para Estados Unidos, aquellas personas habían perdido lo mucho o poco que tenían en sus lugares de origen y de hecho ya no tenían a donde ir. ¿A dónde querían que se regresaran todas esas personas que dieron soporte y total apoyo a Estados Unidos de Norteamérica en esos momentos tan difíciles y decisivos? si sabían que para estar ahí apoyándolos tuvieron que abandonar sus lugares de origen con lo que conlleva un abandono así, pues cuando regresaran esas personas que los estaban apoyando y me refiero a los mexicanos y demás personas que los estuvieron apoyando, ya sus tierras y ganados no estaban en condiciones de producir y en el mas de los casos ya ni existían, pues recordemos también que para ese entonces México también estaba en proceso de recuperación de la Revolución Mexicana y no obstante eso, se le dio el apoyo a Estados Unidos para que GANARAMOS La Guerra.

Pero si ESO no fuera SUFICIENTE, entonces recordemos que además de TODO ese apoyo dado por México y muchos otros Latinoamericanos y de otros lugares que se unieron a ese esfuerzo en ese entonces México no solo modificó sus fábricas, abandonó sus tierras y ganados, desintegró las familias Mexicanas, además le vendió a Estados Unidos a PRECIO de 1929 Sus Recursos Naturales No Renovables como lo era el Petróleo y

Aceros entre otras cosas, a precios de 1929 estando en "mil novecientos cuarenta y tantos" y en Tiempos de Guerra cuando los Aceros y el Petróleo eran "Tan Importantes" y CUALQUIER enemigo lo hubiera pagado "Mucho MAS caro" pues en Tiempos de Guerra Todo es Más Caro y MAS Tratándose de Aceros y Energéticos tan indispensables en esos momentos, pero México "NO" SOLO Se Lo Vendió a Estados Unidos, se lo vendió "Muy Barato" porque Queríamos e Íbamos a Ganar la Guerra y "La Ganamos" solo que Estados Unidos en lugar de Integrarnos a ese triunfo "Corrió a todos". Si esto "Tampoco alcanza" históricamente hablando para que "Se Apruebe" Esa Reforma Migratoria, entonces les recordaremos lo siguiente.

En ese momento histórico la posición Geográfica y ESTRATEGICA militarmente hablando de la República Mexicana y sus litorales eran "Súper Deseables" para cualquier enemigo de Estados Unidos momento en el que podían haber ofrecido a México si permitían la instalación de bases militares y abastecimiento de Aceros y Energéticos en la Republica Mexicana además de pagar un precio "mucho mayor" al BAJO precio que estaba pagando Estados Unidos y que DESPUES de La Victoria que hubieran tenido "Muy Posiblemente con ESE Apoyo" regresarían o le darían en pago a México alguna extensión territorial, pero AUN Así México "se mantuvo firme" y en Apoyo a Estados Unidos "No Negocio con NADIE" porque estábamos decididos a Ganar La Guerra, lo malo es que SOLO Estados Unidos "La Ganó" a los demás no obstante el mucho apoyo recibido "los corrieron" y <u>Los Siguen Corriendo</u>.

Sería lógico y justo que todas estas realidades históricas fueran suficientes para reflexionar y "Ya" Aprobar <u>No SOLO</u> esa "Reforma Migratoria" sino una Reforma Migratoria realmente reciproca y justa, ENTENDER y Aceptar que "Los Ilegales" están en Estados Unidos por Necesidades y Petición de Estados Unidos y que ahora solo deben Integrarlos y Disfrutar de los muchos Beneficios que Ellos Aportan al País.

y si todavía después de estas sencillas y justas reflexiones existiera la duda de si sería justo o no una Reforma Migratoria o se preguntaran porque tienen tantos inmigrantes en su territorio, pues ya sería motivo de preocupación "el buen juicio de estas personas" pero si aún no les quedara claro y quisieran analizar el porqué de TANTOS Mexicanos y Latinos en Estados Unidos, pues porque estamos en América y todas estas personas "SON Originarios de América" no como otros que han venido de Europa, porque Estados Unidos está formado de Inmigrantes como los Peregrinos que llegaron en 1620 procedentes de Inglaterra a bordo del

Mayflower por Plymouth Rock Massachusetts y porque al TRAER a esas personas que hoy "Están Corriendo" a trabajar DESDE tiempos de La Segunda Guerra Mundial y HASTA la Recuperación TOTAL de Estados Unidos se perdieron sus fabricas, ganados, siembras y familias en sus lugares de origen.

También perdieron el arraigo a su patria y ya tienen otras costumbres, leyes, hijos nacidos en Estados Unidos, alguna propiedad, además de ya estar adaptados, acostumbrados y adecuados a su nueva vida y lugar que sienten que se ganaron porque ya GANAMOS la Guerra.

Capítulo 3

Nacen los primeros Ciudadanos Americanos de padres extranjeros. También es muy Importante considerar de que ya tienen nuevas familias y algunos de sus hijos "Nuevas Nacionalidades" otras Costumbres e Intereses, pues ya sus hijos nacieron en Estados Unidos y en "La Actualidad" los hijos de Sus hijos TAMBIEN ya SON Ciudadanos Americanos, claro que en todo ESE tiempo, trabajos y camino, muchos no se han LEGALIZADO pues para ESO se necesita Tiempo y Dinero pero como SIEMPRE han sido mal pagados y han trabajado mucho pues no han tenido ni el tiempo ni el dinero para hacerlo PERO sí han contribuido con sus impuestos pues todo lo que han comprado ha PAGADO impuestos y los mismos Impuestos le cobran al "Legal" que al "Ilegal" al que le pagan "lo Justo" y al que Le Pagan MENOS. Con lo que claramente se ve que además de su mano de obra barata han contribuido también al engrandecimiento económico del País. Además también se ha contribuido al engrandecimiento de este país con soldados, haciendo trabajos denigrantes que ningún otro quiere hacer, aguantando y recibiendo noble y pacientemente injusticias y discriminaciones en espera de que "YA" lo entiendan, acepten, reconozcan y SOLUCIONEN tantas injusticias aprobando esa y otra MEJOR y más justa "Reforma Migratoria".

Si estas razones TAMPOCO alcanzan para Aprobar esa "Reforma Migratoria" u otra Mejor y Más Justa ¿pues qué más Sacrificios, cooperación y positivismo se pueden pedir?

Ahora la realidad de las cosas es que en estos momentos Estados Unidos como consecuencia de la Casería y Deportaciones de Ilegales que ha tenido "está en mala situación" pues ha dejado SIN mano de obra calificada de Agricultores y Ganaderos a negocios, capitales y familias Estadounidenses los que han tenido sus negocios por tradición y herencia por generaciones y están teniendo la necesidad por falta de mano de obra que abandonar, vender o dejar sus negocios tradicionales y familiares por la falta de las personas que están CORRIENDO del País, dando como consecuencia interna "El Encarecimiento de Todo que ESTAMOS Viviendo" y si esto TAMPOCO son razones suficientes para Aprobar la Reforma Migratoria.

Entonces Volteemos a las calles y verán que MUCHOS de los locales Comerciales están VACIOS porque "La Economía" Estadounidense "está mal" por falta de movimiento económico y ES en Gran Parte por las razones Mencionadas porque TODA esa Gente que "han sacado" eran los consumidores que mantenían Vivos esos Negocios y si no fuera esta la razón, entonces ¿qué otra diferencia ha habido? o ¿Cual es la razón? ahora y si esto TAMPOCO es suficiente para Reflexionar y Aprobar " la Reforma Migratoria " que ya debería de haber estado aprobada e implementada desde hace mucho tiempo pues que mas colaboración, integración, dedicación y sacrificio por el bien del país se puede pedir o tal vez la pregunta de manera más directa sería: ¿qué MAS quieren o pueden pedir?.

Situémonos también como otro pequeño recordatorio en la época de la recuperación de la postguerra en

Estados Unidos etapa de la cual no hablaremos mucho en este momento por no ser en este escrito el tema que nos ocupa, concretándonos solo a comentar que se tuvo un nuevo desarrollo cultural, técnico. científico, político y militar de Estados unidos utilizando para ello las experiencias obtenidas y los científicos que se tenían como prisioneros de guerra, dando con toda esta combinación el gran progreso que Estados Unidos ha tenido y con lo que volvemos a nuestro Tema Principal, diciendo las **Razones del porque "Si Sería Justa" una Reforma Migratoria** y el porqué que **La "Reforma Migratoria" Estados Unidos !Nos la Debe!**

Ahora es prudente recordar que para esta restructuración Estados Unidos volvió a usar la mano de obra barata pero ahora MAS barata por que al NO haber "YA" permisos de Trabajo se acentúa el fenómeno de Los Braseros, Indocumentados o espaldas mojadas para acudir al llamado de Estados Unidos de que tenían mucho trabajo pero como NO había permisos de trabajo se tendrían que contratar "a discreción" como indocumentados con mucho menos paga, prestaciones y privilegios laborales que un empleado "normal o legal" REAFIRMANDO "el problema de Indocumentados" pero siendo absolutamente injusto debido a que como ya lo comentamos al regresar a todos los que estuvieron colaborando para "ganar la Guerra" NO tener trabajo en sus lugares de origen y estar ofreciendo trabajos en Estados Unidos y ya muchos con familias en Estados Unidos pues decidieron pertenecer al grupo de "indocumentados" que como hasta en la actualidad sigue y seguirá siendo mientras No se apruebe esa esperada, justa y bien ganada "Reforma Migratoria".

Pues para ese entonces ya muchos de estos trabajadores estaban regresando con sus familias a Estados Unidos debido a que por la etapa de la Guerra y a otras circunstancias lógicas de su ausencia ya no tenían ni sus familias, ni sus tierras, ni sus ganados, ni NADA en sus lugares de origen y ahora sus nuevas familias estaban en Estados Unidos donde ya tenían hijos Ciudadanos Americanos y principalmente por esas causas regresaron a Estados Unidos, donde ahora resulta que los quieren SACAR argumentando que No Se Aprueba Una "Reforma Migratoria" siendo que esas personas dieron por Estados Unidos Patria, Salud, Trabajo y progreso económico con sus impuestos pues todo lo que compraban pagaba el MISMO Impuesto fueran Documentados o Indocumentados, colaboraron en la infraestructura general del país, en la industria inmobiliarias e incluso proporcionando hijos para el ejercito de los Estados Unidos y aún ASI Todavía """¿no han hecho SUFICIENTES Méritos para ESA Reforma Migratoria?"""

Capítulo 4

Ahora ubicándonos a principios de la época actual: Y haciendo hincapié en el apoyo que desde siempre muchos latinos pero principalmente los mexicanos han dado a Estados Unidos a los cuales se les ha negado el derecho de SER Legales pero si se les ha USADO indiscriminadamente en trabajos de limpieza, jardinería, agricultura, ganadería, albañilería, etc., etc., etc., y en TODOS los trabajos más pesados y denigrantes que la sociedad siempre ha tenido y necesitado, de diferentes procedencias pero principalmente de México por su cercanía geográfica.

Ahora analicemos nada mas así muy por encimita a que se debe la mala fama o la mala costumbre de relacionar o estereotipar a estas personas con este tipo de trabajos y encontraremos que además de la injusticia social y discriminación racial, que la razón principal para esto no es porque los mexicanos ni las demás personas que han colaborado en el engrandecimiento de Estados Unidos, NO puedan desplazar en otras actividades, es porque como las personas que fueron solicitadas por el Gobierno de Estados Unidos al Gobierno de México, donde se anexaron personas de América del Sur y Centroamérica hacia los años cuarentas "Tenían ESAS Características" pues era lo que se necesitaba en ese entonces y en ESE momento como soporte para poder Ganar la Guerra ASI que se mandaron personas con esas características, hábiles y eficientes para esas labores o actividades no de gran nivel académico pero si con manos recias y alta resistencia laboral, con conocimientos empíricos de las técnicas de labrado y producción de frutas, hortalizas y demás comestibles necesarios para que pudiera subsistir el pueblo americano pues sus hombres que son los que hacían esas labores (y NO porque tampoco no fueran capaces de hacer otra cosa, sino porque ESA era su función dentro de su sociedad) y como los habían mandado al frente de batalla, que por cierto fue a los que empezaron a mandar ya para la segunda mitad de esta Guerra pues eran gentes muy útiles y necesarias para la subsistencia de la población de Estados Unidos y estas personas que estaban llegando, los estaban reemplazando para que pudiera ser posible la subsistencia alimentaria de la gente de Estados Unidos de donde podemos ver claramente que "Los Americanos" que se hacen llamar así SIN tomar en cuenta que los americanos son todas las personas de El Continente Americano SON todos los habitantes y oriundos de América del Sur, Centroamérica, República Mexicana, Estados Unidos, Canadá y Alaska "que Además" como ya lo comentamos gran parte de ellos al igual que los que andaban en el frente de batalla hacían esas labores sin ser como personas unos más que otros, simplemente porque es en la labor en que se desempeñaban en la enorme maquinaria que forma "un Todo" y en la que todos somos parte de un progreso o una forma de vida requerida para que las demás formas de vida puedan subsistir, en fin la gente que mandó México y llegaron de otros lugares fue la gente que se necesitaba, por ESO tenían esas características y habilidades para hacer esos trabajos que son los que se requerían históricamente hablando como difícil y duro soporte para que PUDIERAMOS Ganar la Guerra.

Por otro lado y por ser personas que no requerían gran nivel académico, lógicamente cuando tuvieron sus hijos y familias en Estados Unidos que era su nuevo lugar de vida y de trabajo pues no tenían dentro de su idiosincrasia la prioridad de que sus hijos fueran hasta la universidad, razón por la que se les siguió dando a esa primer generación de nacidos en Estados Unidos y primera Generación de Ciudadanos Americanos LEGALES el mismo trato y trabajos con los que la injusta sociedad americana "Estereotipó" a los mexicanos y demás personas que han acudido con apoyo de mano de obra para el engrandecimiento de este país, personas que generación a generación han logrado superarse y tener cierto grado técnico, académico y en su tercer y cuarta generación niveles universitarios con masterados e incluso doctorados, pero que por discriminación e injusticia social se les sigue dando trabajos o "Mal Pagados para Su Nivel Académico" o pesados, denigrantes y estereotipados, siendo muchos de estos empleados MAS útiles que otros que solo hablan Inglés pues al hablar Inglés y Español están siendo doblemente útiles y productivos, más eficientes y por lo tanto deberían de ganar MAS pero ganan MENOS por la injusticia y discriminación de la que Estados Unidos hace victimas a estas personas JUSTIFICANDOSE con que ES lo que pueden Ofrecerles Supuestamente "NO por discriminación racial" pero dándoles "el MISMO trato y trabajos" que a los que ERAN "Ilegales" aun sabiendo que "YA son Legales y fueron a las MISMAS escuelas que los Otros" y ES por haberlos YA "Estereotipado" y en algunos casos por la Influencia Social de que aun no está aprobada ESA "Reforma Migratoria". Que cómodo, Injusto y Productivo ¿Verdad?.

Capítulo 5

Si ya son "Legales" y fueron a las mismas escuelas ¿Por qué seguir estereotipándolos? O sea que la pregunta que cabria hacer es: Porque a esas personas que "YA" son legales, aunque sean hijos de esos ilegales que el mismo Estados Unidos propicio pero que ya legalmente SON parte de Estados Unidos y fueron al mismo sistema educativo del país ¿por qué les siguen DANDO todavía ESTOS mismos trabajos? ¿porque se les estereotipó desde entonces y porque se relacionó a todos aquellos que no fueran "Anglos" con estas labores? ¿hasta cuando la sociedad va a dejar de estereotipar a estas personas en ESE grupo que ya quedó atrás hace generaciones? ¿porque lo siguen haciendo? pues por injusticia laboral y social con una buena dosis de discriminación y ¿Aun así no se acaban de juntar Los "Méritos Suficientes" para aprobar "Una Reforma Migratoria" pues ¿que MAS Necesitan?

Estas personas y NUEVOS Americanos que tienen en sus países de origen a los parientes de sus padres y abuelos ¿acaso NO tienen el derecho de querer reunirse con ellos? los que han acudido a reunirse con ellos y que llegan a TRABAJAR no delinquir (y que SON a los que están SACANDO) estas personas que ya SON Nuevos Americanos también tienen sentimientos y están cumpliendo con todos los requerimientos que el país pide "para Calificar como ciudadanos de Estados Unidos" entonces ¿por qué NO tienen el derecho de traer a sus parientes si vienen a trabajar y a cooperar con el engrandecimiento de este país ¿por qué? ¿porque les piden para "Poder Traerlos" que tengan cierto ingreso PARA "x" numero de personas "que Serian si les Autorizaran que Vinieran" PERO que Todavía NO Están AQUÍ ¿Cómo VAN a Sumar el Ingreso de los que Todavía NO Empiezan a Trabajar y a Aportar a ESA Economía Familiar? pues el sistema PIDE "Un Ingreso" contando a los que "ESTAN pidiendo" y estos todavía NO están aquí Ni empiezan a trabajar por lo que NO debieran de sumar ESE ingreso para satisfacer la cantidad que se está pidiendo para "calificar" ¿Es un error de planteamiento contable? ¿lo están haciendo sin querer? o ¿está hecho a propósito para obstaculizar la legalización de estas personas? y que como de to2 mo2 existen, pues vengan con permisos temporales o "pasando" como puedan aun arriesgando sus vidas o gastando mucho dinero, dinero que mejor podían "Pagar" para "El Tramite Legal Temporal" que DAN por los PRIMEROS CINCO años, mientras Termina ESA "Primer Etapa" del Proceso Migratorio y Momento en que "Si" cabria que "Les Pidieran El Comprobante de lo que ESTAN Ganando en ESE Momento" no de lo que "Están Percibiendo" en ESA Familia ANTES de Incrementar ESE Nuevo Ingreso y me vuelvo a preguntar ¿Este ERROR de Planteamiento, es Sin Querer? ¿o a Propósito? para **"DAR LUGAR a los Nuevos**

Indocumentados" pues Los Otros **"Ya SON Legales"** o es para seguir explotando TAMBIEN a los "Ya Legales a discreción" con salarios de "Indocumentados" ¿por qué no vivir en paz como humanos y ser recíprocos, justos y agradecidos con quienes han apoyado a Estados Unidos en tiempos difíciles? por qué no aprobar una "Reforma Migratoria" pidiendo los requerimientos justos y legales PERO posibles para "Calificar" que ES una de las palabras "clave" de la cultura de Estados Unidos. ¿Por qué no aprovechar la oportunidad para sentirse con la conciencia tranquila? ¿por qué no aprobar de una buena vez esa Reforma Migratoria? PUES los que no sean tan ignorantes sabrán que por reciprocidad y justicia histórica ya es bien merecida. ¿por qué? ¿por qué no lo hacen YA de una buena vez y dejan de hacerle al cuento? si ES Claro que el ESTAR "Sacando a Los Ilegales" ha encarecido TODO y tiene en Caos al País Más Poderoso del Mundo".

Capítulo 6

Solo que ahora "YA" en la actualidad las cosas les han salido muy mal pues efectivamente ya sacaron a muchos de estos indocumentados tratándolos NO como formadores y colaboradores del crecimiento de este país sino como a delincuentes como si con su apoyo, trabajo y colaboración hubieran hecho un delito.

Lo que también sería bueno y justo que tomaran en cuenta las personas encargadas e involucradas en la aprobación de esta "Reforma Migratoria" es que estas personas que injusta y constantemente son corridas del país por el cómodo pretexto de su "estatus migratorio" y que son tratados como si fueran delincuentes de algún delito serio y No por el solo hecho de venir a trabajar por bajos salarios, personas que están íntimamente ligadas a situaciones y requerimientos actuales, pues por desgracia los fenómenos meteorológicos han contribuido a volver a necesitar de esta mano de obra AHORA ya MAS calcificada porque con los Tornados, Ciclones y demás tragedias que desgraciadamente Estados Unidos Tiene Constantemente por su posición geográfica, pues se han tenido un sinnúmero de lamentables y trágicos, acontecimientos que han dejado enormes áreas totalmente destruidas y es !ahí! donde se han requerido ahora albañiles, jardineros, plomeros electricistas, carpinteros y demás gente de todas partes pero ya no solo con conocimientos de agricultura y ganadería sino con conocimientos técnicos y con "Muchas Ganas de Trabajar" tiempos en los que las leyes migratorias "aflojan" y a discreción "Vuelven a Valerse" de ESA mano de obra "Calificada y barata" por mientras los habitantes de esa área se van cómodamente a otros Estados o Ciudades a esperar que esa fuerza de trabajo "que después criticarán" y discriminarán TERMINEN de reconstruir las áreas devastadas por la enorme fuerza de la naturaleza y una vez TERMINADO el trabajo pesado y sucio y que regresan e instalen nuevamente de manera confortable, entonces !Si! "empiezan" nuevamente con la cacería de "Indocumentados" ¿es ESTO justo? ¿si creerán de conciencia estas gentes y las encargadas de aprobar esta "Reforma Migratoria" estar en lo correcto y en lo justo? y estamos ablando YA de situaciones actuales, supuestamente de épocas Justas, Civilizadas y SIN Discriminación, no de tiempos de conquistas, ni de esclavitud.

Pero como dice un dicho "Les salió el tiro por la culata" Pues al sacar a toda ESA gente que estaba colaborando con el país económica y laboralmente, Estados Unidos "todavía" el país más poderoso del mundo ha empezado a tambalearse en todos sus rubros pues para empezar ya no tuvieron quien hiciera los trabajos de agricultura y ganadería dando lugar al fracaso e incluso a tener que retirarse del mercado negocios de agricultura y ganadería que habían sido por generaciones básicas para la alimentación y economía de Estados Unidos y que producían alimentos, trabajos e impuestos, trabajos que "No saben Ni quieren Hacer" las personas Documentadas o "Legales" RAZON por las que han tenido que cerrar o bajar la producción de estos gremios afectando grandemente a la economía de todos los habitantes "del Pueblo" de Estados Unidos. Pero sigan SIN aprobar esa "Reforma Migratoria" y sigan con esa fea e injusta actitud acabando con la economía y progreso de Estados Unidos.

Estos son SOLO dos de los grupos perjudicados con estas acciones Anti-Inmigratorias, ahora ¿Que ha sucedido con la industria Inmobiliaria? La mano de obra se ha encarecido, la calidad del trabajo a decrecido y por tanto la duración, calidad y precio de los inmuebles han caído, dando como consecuencia la actual crisis inmobiliaria que vive Estados Unidos y si no lo creen vean cuantos anuncios de "Se Vende" o "Se Renta" tienen Los Departamentos y Casas de TODA La Unión Americana, vean cuantas "Promociones y Ofertas" de Cámbiese SIN pagar el primer mes, etc., etc. pero ESO "Si" Siguen FIRMES en NO Aprobar Una Reforma Migratoria" y lo mas critico para la economía Estadounidense "Siguen SACANDO Indocumentados" que son la fuerza de trabajo y el sostén de estas actividades, según se está viendo y viviendo.

Si volteamos a ver a la Industria Automotriz y Refaccionarias pues ni que decir están igual o peor que TODO lo demás y la razón "Es la MISMA" ya no hay casi movimiento para las refaccionarias y carros viejos que usaban los Indocumentados y los nuevos no los compran porque ya nadie tiene dinero y si no lo creen pues solo vean cuantas refaccionarias han cerrado y cuantas agencias de carros están ofreciendo descuentos exorbitantes en carros SIN RODAR, nuevos de hace un año o hasta DOS años en que No los pudieron vender y ya ahora aunque tengan CERO millas ya SON VIEJOS y todo esto por la mala economía del país que aunque no se quiera reconocer "todos dentro de nosotros" sabemos que cada día las cosas son más caras, malas y difíciles, a pero "Eso Si" Siguen FIRMES en NO Aprobar esa "Reforma Migratoria".

Si Hablamos de la Industria Energética, pues PEOR, la gasolina se compraba apenas hace unos años de cuando empezaron a SACAR a los Indocumentados a un promedio de $0.80 a $1.00 el galón y ahora por Temporadas a $3.50 el galón y si no lo creen, hagan poquita memoria o analicen "Su economía" y la razón es que es una consecuencia lógica del encarecimiento general que ha habido de TODO y que se han tenido que recorrer distancias mayores para llevar los pocos vegetales, frutas, carnes bobinas, avícolas y porcinas que todavía el país produce gracias a los esfuerzos de los pocos que siguen aun produciendo algo de lo mucho que producían "A" pero "Eso Si" siguen FIRMES en No Aprobar "Una Reforma Migratoria".

Capítulo 7

Es gracioso y tal vez se deba a La Ignorancia, al desconocimiento total del proceso histórico, económico e industrial PERO muchas personas dicen que "Es Bueno" que saquen a los Indocumentados que porque "Están Quitando los Trabajos" sería bueno que ESAS personas que dicen ESO fueran honestas con ellas mismas y se preguntaran si ellos harían LOS trabajos que los Indocumentados estaban haciendo y como "Los Están SACANDO" y estas personas que están de ignorantes y habladoras NO hacen esos trabajos y al ya NO Haber quien haga esas labores pues no se necesita una gran brillantez mental para darse cuenta que a ESO se debe el encarecimiento total de TODO por no haber quien haga ESOS trabajos así que si esas personas que opinan que está bien que "Saquen" a los Indocumentados que porque "Les Quitan" las trabajos pues bien "Ya Los Sacaron" ahora porque no se ponen a hacer ellos ESOS trabajos para parar la "desgracia

Económica" que se está viviendo y al estar diciendo tonterías de que "Les quitan" los trabajos, ahora "Los Trabajos" AHI están !Háganlos! <u>Bola de Habladores</u> pues si en lugar de estar diciendo sandeces, se pusieran a hacerlos, en el País No Tendría por qué haber o estarse viviendo la situación general que actualmente se vive en Estados Unidos, ASI QUE si estas personas se preguntaran a sí mismas si ellos pueden, SABEN y QUIEREN hacer estos trabajos pues que dejen de quejarse, opinar, criticar y "decir sandeces" y que se "Pongan a Hacerlos" porque se requiere URGENTEMENTE de alguien que lo haga para DETENER esta caída económica y social que Estados Unidos tiene en la actualidad y si no lo creen "Búsquense en los bolsillos" y verán cuanto les queda y recuerden cuando tenían "Algo" en las bolsas. A pero ESO "Si" siguen FIRMES en No Aprobar la "Reforma Migratoria" y algunos Ignorantes DICIENDO que se debe a que los Indocumentados "Quitan Los Trabajos".   Bien YA hay menos Indocumentados ¿Cuando Van a EMPEZAR a hacer ESOS Trabajos?   todos ESOS habladores que inculpaban de ESTA situación a los Indocumentados.

Se requiere que dejen de "hablar sandeces" y salgan al apoyo del país a hacer esos trabajos que ya en parte gracias a su ignorancia y absurdas opiniones ya no hay quien los haga en la actualidad y que no solo están afectando a las personas que pidieron, propiciaron y alimentaron ESTA situación sino a todos los demás que no estuvieron nada que ver con este asunto.

Ahora lo que de conciencia DEBEN hacer esas personas que han estado de habladoras y propiciando ESTA situación es al menos "Apoyar Una Reforma Migratoria" y reconocer que "La Regaron con Su Opinión" y mientras regresa esa fuerza de trabajo, "hacer ellos" ESE trabajo o al menos "Cállense" y ya no sigan perjudicando a la economía del pueblo en general. Sería bueno "Identificar" a los que SON realmente los enemigos del País.

Para Terminar con estas molestas aclaraciones y razones del porque ha sido un error el NO aprobar ESA "Reforma Migratoria" echemos un leve vistazo a TODAS las consecuencias tenidas y veamos la economía familiar de cada uno de los habitantes de TODO Estados Unidos y veremos que NO es lo mismo desde que estas "Deportaciones Empezaron" a ESTA fecha, claro que los magnates y los que tienen un buen trabajo que sumaran difícilmente un 20 o 25% de TODA la población de los Estados Unidos, a los que se refieren cuando dicen que los que ganan $250,000.00 anuales o ¿Usted los Gana? !NO! ¿Verdad? o ¿siquiera conoce a alguien que los gane? si lo conoce !pues pregunte como se le hace para logarlo! a ver si Usted lo consigue. Pues bien a ellos a esas personas privilegiadas que si los ganan, no les afecta esta situación ni les importa pues no saben lo que es estar tronándose los dedos para completar para la renta, la luz, el gas, el agua, los impuestos, las aseguranzas medicas, aseguranza de la casa, del carro . etc., etc., y todo la bola de requerimientos que se necesitan pagar para estar legal en Estados Unidos y NO estar "en delito" pues las palabras "Delincuente" y "Calificar" que SON las palabras preferidas de Estados Unidos, requerimientos que SON buenos, necesarios y convenientes para todos PERO ¿porqué no existe una paridad entre estos gastos y lo que se gana? pues en gran parte se debe al desfasamiento que ha existido por todo esto que hemos hablado y que han propiciado las personas que no han querido aprobar esta "Reforma Migratoria" con la que se restablecería en gran parte la economía y la caótica situación del país.

Lo más triste es que este desfasamiento entre Ingresos y Egresos o sea entre lo que "Se Gana" y lo cuesta la vida actualmente en Estados Unidos ha dado como consecuencia que en una familia tengan que trabajar tanto el esposo como la esposa dando con esto la actual situación de falta de tiempo para atender, guiar y dirigir por un buen camino a los hijos que son el futuro de la nación y si los jóvenes de hoy serán los adultos del mañana y SON el futuro de la Nación y NO se les está dando el necesario tiempo NO solo para su educación académica sino para una idiosincrasia, costumbres, moral y cultura INTERNA familiar que es lo que tristemente se está viviendo en la actualidad en que los parámetros morales se han relajado hasta llegar a una lamentable vida de relajación, indolencia, falta de respeto a sus mayores, falta de respeto a sí mismos, un libertinaje físico y cultural que está llevando a ser a Estados Unidos el principal consumidor de TODO tipo de drogas, preferencias sexuales, enfermedades veneras, enfermedades hereditarias y demás problemas que una sociedad abandonada por sus padres tiene como consecuencias lógicas y si regresamos a que "La Juventud Actual" es el FUTURO del país ¿pues qué futuro se espera?

Solo veamos a nuestro al derredor cuantas personas sumidas en todo tipo de drogas, cuantas preferencias, sexuales, cuantas madres y padres solteros, cuanta discriminación, cuanta desorientación general y cuanta carencia moral y económica existe en la sociedad actual y todo esto es parte de un TODO pero el encarecimiento de las cosas por falta de mano de obra ha sido "se quiera reconocer o no" una de las principales causas para esta situación pues han sido "Tantas

Deportaciones" que SON de manera DIRECTA la razón del encarecimiento de la mano de obra y de todo.

Esta situación aunada a "la ignorancia" es la que hace que muchas personas relacionen "Tal Desgracia y Decadencia" a "Los Indocumentados" cuando en realidad no tienen absolutamente nada que ver con esta lamentable situación y si en algo se les pudiera relacionar SERIA en que por estarlos SACANDO se han encarecido TODAS las cosas y cada vez tanto el Padre como la Madre tienen que trabajar hasta turno y medio para poder "alcanzar" los costos de la vida que cada vez y entre mas SAQUEN indocumentados TODO será MAS caro por haber MENOS mano de obra con lo que se Incrementan considerablemente todos los costos dando por resultado la actual situación económica que se vive y si NO lo creen pregúntense el porqué DESCUIDAN tanto el crecimiento y desarrollo de SUS hijos y que es cuando como un consuelo o justificación desesperada al NO poder darles el tiempo y amor que quisieran y necesaria para solucionar esta situación se dicen cosas como "Si pero Les DOY tiempo de CALIDAD" y que en la práctica a demostrado que NO ha sido suficiente pues la realidad y la situación actual refleja que No ha sido resuelto el problema y menos ha dado un progreso Ni Moral Ni Cultural a las generaciones actuales y MENOS a las Venideras pues estos serán hijos de estos muchachos que en la actualidad se enfrentan a TAN difícil situación ingredientes o componentes sociales que por lógica NO darán MEJORES generaciones futuras dejando cada vez más distante "La Solución" y corrección del rumbo para que cada Generación SEA mejor , más moral y productiva. A pero eso !Si! siguen firmes en NO aprobar una "Reforma Migratoria" por estas, otras razones, realidades comentadas y que comentaremos es que decimos que La **"Reforma Migratoria" Estados Unidos !Nos la Debe!**

Capítulo 8

Situación actual que aunada al maltrato y abuso que hemos tenido del Planeta Tierra con sus respectivas consecuencias ya pone en peligro la subsistencia de la humanidad "Urgentemente" Ya se debe de hacer algo por mejorar y corregir "estas situaciones" que además de los indocumentados se viven en la actualidad como el consumo indiscriminado de energéticos y recursos naturales no renovables, o sea que en vez de estar avanzando a SER cada vez mejores se está avanzando a SER cada vez peores y MAS vulnerables como especie humana. Temas que trataremos en otros libros.

Regresando a lo nuestro, comentaremos que aunado al encarecimiento de todo siendo una de las causas principales de esta situación el haber sacado y seguir sacando indocumentados en vez de aprovechar para BIEN esa fuerza de trabajo, mencionaremos que otro problema actual y que de alguna manera se relaciona con la falta de la aprobación de una "Reforma Migratoria" es que en las fronteras de Estados Unidos con México y ser Estados Unidos desgraciadamente un GRAN consumidor de TODO tipo de Drogas, esto ha dado como resultado lógico por ser el camino geográficamente hablando MAS directo para traer todo tipo de drogas de otros lados pero PASANDO por la República Mexicana y al CERRAR el paso a estas drogas en los puentes internacionales pues "Se Quedan" en las fronteras proliferando con esto la drogadicción en estas aéreas y aumentado como consecuencia lógica y social la delincuencia y enfermedades propias de estos lamentables vicios.

Situaciones que relacionan a México con ESTOS problemas siendo que México NUNCA había tenido este tipo de problemas y vino a surgir a partir del cierre del paso a estas drogas por las fronteras Mexicanas a Estados Unidos y que seguramente SIEMPRE las habían dejado pasar por ahí y ahora que no se por qué causa "para NO meternos en problemas" y por NO ser este el tema del momento por lo que nos concretaremos SOLO a decir que por alguna causa ahora "ya NO" se están dejado pasar y se están quedando en México como un "fenómeno del tipo Embudo" pues vienen de "otros lados" y Se quedan en Las Fronteras y si México es Un País Subdesarrollado que siempre ha tenido carencias económicas ¿pues como habría de tener dinero para comprar drogas? tal vez Cerveza, Tequila o Pulque PERO ¿Drogas? !"NO"! así que ESA es otra culpa que los ignorantes y faltos de información relacionan con México además de los indocumentados.

La solución a este respecto y al problema que desgraciadamente vive Estados Unidos es que ya "NO se consumieran drogas" y dejar de SER los principales clientes para esa basura que solo perjudica la salud, devalúa al humano, genera gastos, enfermedades y desgracias a quienes las consumen y a las personas que las rodean, las quieren y se preocupan por estas víctimas de los vicios y la perdición siendo una vergüenza para la humanidad y un dolor constante para sus seres queridos, además de estarse haciendo un daño irreversible para su salud, dignidad y futuro.

Solo que este MAL se debe de Remediar de "Adentro para Afuera" debe Estados Unidos dejar de ser el principal y mejor cliente de "Todo tipo de Drogas" y ESO se tiene que lograr de manera interna con el convencimiento y la enseñanza CLARA de todo el mal que hace al organismo, mente y cuerpo a Su UNICO cuerpo que tienen y acortando la Única Vida que tienen, una vez entendido y asimilado que es algo innecesario, altamente perjudicial y desprestigiante entonces hacerle ver a la gente que no es solo un mal que se están haciendo, que es un mal que le van a hacer a los hijos "que todavía no tienen" y el mal que le hacen con el dolor, gastos y preocupaciones que les causan a sus familias, amigos y seres queridos. NO siendo la solución PEDIR que Los países, ciudades, pueblos y gentes circunvecinas que "Les SOLUCIONEN" estos problemas o pidiéndoles que NO Dejen Pasar Drogas a este país, si las traen es porque las compran sino las compran no las traerían "Así de sencillo" y reconociendo que el Problema es SUYO y propiciado por Estados Unidos y su falta de "control interno" al NO poder erradicar el consumo de Drogas que en buena medida la Razón es por el desfasamiento entre ingresos y egresos pues la vida ES más cara que lo que pagan en los trabajos, situación de la que ya hablamos anteriormente y que es por lo que Tienen que Trabajar Padre y Madre "quedándoles MUY poco tiempo para la atención adecuada y necesaria de los Hijos" que es una de las razones del porque se vive esta situación de drogadicción desgraciadamente tan generalizada en Estados Unidos y NO por culpa de los demás y MENOS de los Indocumentados.

Es bien simple de entender que cuando se lleva cualquier tipo de mercancía a un lugar y NO la compran pues simplemente deja de ser costeable y YA no la llevan mas y ESA es la solución NO Estar pidiendo a los demás que NO les vendan. Ni echándole la culpa a nadie. "La culpa es del que Consume y Compra esa porquería" Así que en bien suyo, de los suyos y de los que vendrán "Piénsenla" y libérense de ese yugo y esclavitud. Demuestren su inteligencia y fuerza de Voluntad " La mente domina al cuerpo" Demuéstrenselo a sí mismos y sean sanos, felices y exitosos en la vida.

Capítulo 9

Retomando nuestro "Tema" del porque una "Reforma Migratoria" "!Si"! SERIA Justa y NECESARIA, veamos que en la desesperación de los negocios por subsistir y abatir los estratosféricos precios de todas las materias primas, aseguranzas, rentas , mano de obra, impuestos y demás y buscando una forma de ser graciosos y coherentes "Dicen" que ahora las sodas de vaso serán de MENOS onzas y las hamburguesas mas CHICAS y con MENOS carne queriendo dar la imagen de que se preocupan por la "actual obesidad" y que quieren una mejor salud para "El Pueblo" pero ¿por qué JUNTO con esas medidas no ponen "Un precio MENOR"? para que en algo aliviane también a los consumidores NO solo a los "de siempre" a los voraces comerciantes y "Que Pasa" con estas campañas pues que La Gente NO es tonta y se da cuenta que los están engañando y SIMPLEMENTE no van a ESE negocio y tienen que cerrar o poner ofertas Fabulosas para conservarse o regresar al mercado y recuperar los clientes perdidos.

Lo MISMO sucede con Las Tiendas que ponen descuentos del 50, 60 y 70% y ESO lo que quiere decir es que SIEMPRE pudieron haber puesto esos precios, pero NO, los ponen para ver quien cae y a quien le pueden vender sus productos con ganancias estratosféricas y mientras haya incautos ellos aprovechan, lo malo es que YA después cuando deciden conformarse con la ganancia justa ya sus artículos están pasados de moda, de estación del año o simplemente la gente YA no les cree y vienen las quiebras y a cerrar otro negocio con todo lo que esto conlleva pues se pierden empleos, contratos de renta, percepción de impuestos y ganancias de los inversionistas voraces que quisieron hacerse ricos con dos o tres pobres incautos que les cayeran en sus negocios PERO no solo NO ganaron sino que terminaron perdiendo hasta sus ahorros y si lo dudan dense una vueltecita por los centros comerciales, centros de las ciudades y áreas comerciales y verán cuantos "Locales Vacios".

Los Restaurantes y lugares de Comida Rápida No se diga, son un ejemplo del ir y venir de nuevos intentos comerciales que en esta ocasión vendían un tipo de comida y ahora ya llegaron otros a intentarlo y vendiendo otro tipo de comida que tampoco "pega" y se tienen que IR y así pasan y pasan fracasos y fracasos, ilusiones e ilusiones y la razón es muy SIMPLE "no hay lana" NO hay suficiente dinero circulante y ESO se ha venido viendo de peor en peor DESDE que "Se Empezaron a SACAR a los Indocumentados" que sostenían con sus consumos estos negocios que ahora están cerrando y si ESA no fuera "La Razón" entonces ¿cuál? CUAL es otra diferencia que pueda justificar o explicar esta caótica situación, a pero ESO sí, siguen FIRMES en no aprobar una "Reforma Migratoria".

Estos problemas anteriormente mencionados aunados a otras situaciones han dado origen a una economía familiar decadente en Estados Unidos donde oficialmente "No Hay Devaluación" o al menos no tanta devaluación PERO por favor acuérdense en cuanto compraban "cualquier cosa" ANTES de empezar con estas Deportaciones y en cuanto compran "La Misma Cosa" ahora. A pero ESO !Si! se mantienen FIRMES en No Aprobar ESA "Reforma Migratoria".

Identifiquemos claramente a los enemigos de la economía y del país y pidamos ESA "Reforma Migratoria" Basados en hechos no en palabras y criterios absurdos llenos de falsedad, discriminación e ignorancia histórica, laboral y real de la situación general existente. y que estas reflexiones sirvan para ponerlas en una balanza analítica para entender **El porqué una Reforma Migratoria "Si SERIA Justa"** y el porqué decimos que **La "Reforma Migratoria" Estados Unidos !Nos la Debe!** y resolvería MUCHOS Problemas.

Como una conclusión diremos que las consecuencias de SACAR a los Indocumentados ya ha llegado a dimensiones estratosféricas y muy perjudiciales para un gran numero de la población de los "casi" 400 millones de habitantes que aproximadamente tiene los Estados Unidos entre los Legales y los Ilegales que Todavía "No Censan" ni Encuentran, ni SACAN de los Estados Unidos pero que también pagan sus impuestos al Igual que el "Mas Rico Magnate" pues si cualquiera compra por ejemplo una cortadora de pasto, tiene que pagar los impuestos correspondientes y los mismos impuestos le cobran al que gana poco o tiene poco que el que gana mucho o tiene mucho ENTONCES como todos pagan lo mismo, por ese rubro los Legales y los Ilegales, están colaborando en igual manera y medida con el engrandecimiento económico en este país y si colaboran en la misma forma y en la misma medida económica al engrandecimiento del país en esos renglones específicamente como en muchos otros que se pudieran citar como ejemplos similares, entonces ¿Que está pasando? ¿por qué estereotiparlos como peligrosos o indeseables?.

La solución para el problema actual es por demás difícil pues hasta ha llegado la gente al suicido de desesperación, algunas madres y padres a matar a sus hijos y luego suicidarse ellos, los grupos de delincuentes a aterrorizar a los habitantes de los distintas localidades, los presos a realizar fugas espectaculares y en fin la situación actual y general es muy delicada y lamentablemente la principal base son los problemas económicos, morales, legales, injusticias históricas y sociales y "el porqué" una Reforma Migratoria Si SERIA Justa y "NECESARIA" tanto para Estados Unidos como para todos los demás que en ella se vean involucrados y por lo que nos atrevemos a dar las siguientes sugerencias de manera modesta y con la mejor voluntad de que esta obra sea leída por alguien que pueda llevar ante las personas indicadas tales sugerencias si le parecieron adecuadas, útiles y posibles de realizar y al mismo tiempo está dirigida para normar un criterio generalizado pues todos podemos en determinado momento influir y opinar ante alguien que pueda hacer "algo" y sin olvidar que la unión hace la fuerza de modo tal que si SON muchas las opiniones similares pueden tener la fuerza de llegar al lugar indicado que finalmente dé el ansiado logro de una "Reforma Migratoria" Justa y eficiente.

Capítulo 10

Todo problema debe de presentarse con su respectiva solución y para ese fin iremos aproximándonos a la actualidad paso a paso pues "el Desempleo y la FALTA de dinero Circulante en la población y por ende la FALTA de "poder Adquisitivo" es un problema enorme que se le ha salido de las manos al País Más Poderoso del Mundo lo cual claramente indica que "es Un Problemón" y partiendo de la base de que se "Aprobara Una reforma Migratoria" y No Solo la que ESTA Propuesta sino Una Más Justa, Reciproca, Completa y Útil para una resolución practica a "Gran Parte" del problema actual, para lo que tendríamos como proceso o sugerencias para esta GRAN solución lo siguiente:

Para empezar diré que he trabajado para la industria Maquiladora por 21 años: 1 año como Supervisor de producción, 4 años como Superintendente de Producción, 5 años como responsable del departamento de Producción, 5 años como responsable del departamento de Control de Calidad y 6 años como responsable del departamento de Ingeniería de Planta y basado en estas experiencias Técnicas, Administrativas, de Idiosincrasia, Infraestructura y obrero patronales así como las razones históricas y laborales vividas por todos los que han participado en el engrandecimiento de Estados Unidos que hemos comentado anteriormente, experiencias y situaciones que podemos tomar como bases para un adecuado diseño de una "Reforma Migratoria" que realmente resolviera gran parte de los problemas sufridos actualmente y esta propuesta sería la siguiente: Primeramente es necesario entender, ver y reconocer de donde viene el problema actual, no el histórico que ya hemos visto y que explica la razón del porque TANTOS ilegales pero también el porqué de TANTOS Legales en Estados Unidos, ahora veamos que se puede y debe hacer con Toda esta Fuerza de Trabajo de los que MUCHOS están Bien Capacitados unos en sus propios países de origen y otros en el mismo Estados Unidos, datos importantes y que más adelante utilizaremos en el diseño de esta sugerencia.

Estados Unidos actualmente tiene un GRAN problema de Desempleo NO porque los Indocumentados QUITEN los trabajos, lo que pasa es que "No Hay Trabajos" pues los indocumentados No le quitan el trabajo a "Los egresados de las Universidades" como Bachelors y MENOS a los egresados de los Múltiples Masterados y Doctorados que las "Carísimas Universidades Ofrecen" pues estos muchachos No estudiaron y sus padres o ellos gastaron TANTO para ir a limpiar baños, hacer labores de agricultura o ganadería, albañilería, ni tampoco a ser sirvientas de personas del nivel económico que sus padres tienen para poder haberles pagado sus estudios y en muchos de los casos "Muy loables" que ellos mismos que se han superado a base de esfuerzo pagando sus estudios trabajando simultáneamente y que representa un sacrificio y fuerza de voluntad enormes, ejemplo para las juventudes actuales, quedando MUY claro que a Estos Jóvenes "No les afectan" en lo más mínimo los indocumentados, al contrario "Los Benefician" pues ahí pueden tener la ganancia de los productos de la agricultura y la ganadería MAS Baratos así como los beneficios de una mano de obra más barata en labores de construcción, limpieza y jardinería que el país entero requiere, lo preocupante en este caso es que esas gentes de HACE tres o cuatro generaciones que hacen o hacían estos trabajos se están acabando pues ya tienen hijos grandes y nietos así que se requiere que el país se apure y haga uso de los nuevos científicos que el mismo país está produciendo y los que están viniendo de otros lugares para lograr enfrentar industrial y tecnológicamente hablando la situación que se avecina pues ya las actuales generaciones no están interesadas en hacer ESOS trabajos y los que habían venido de fuera como ilegales "Ya los SACARON" así que se deberán de reemplazar por equipo técnicamente adecuados y automatizados para hacer frente a esta situación que es otro renglón que tampoco se está atendiendo al grado que se está requiriendo pues "SACAN" más rápidamente a los Indocumentados que la velocidad con a la que están resolviendo el problema de esta substitución tecnológica.

Datos que también usaremos en la propuesta de cómo y porqué !Si! debe de haber "Una Reforma Migratoria" y que le es urgente más que a nadie a Estados Unidos.

Tiempo atrás se Maquilaba bastante en Todas las Fronteras de Estados Unidos con México e incluso en el interior de la República Mexicana, razones por las que muchos profesionistas de diferentes lugares pero principalmente de México por su cercanía llegaron a vivir a las diferentes ciudades y fronteras en busca de "una Tecnología de Punta" y al haber bajado en la actualidad el volumen de producción y significativamente el número de maquiladoras no solo en las fronteras sino en toda la Republica Mexicana por así convenir a los inversionistas.

La situación es que ahora como otra consecuencia a la actual situación es que todos estos profesionistas se encuentran actualmente estancados en las ciudades y fronteras en espera de trabajos ofreciendo su buena capacitación obtenida en sus lugares de origen y la buenas experiencias técnicas y laborales obtenidas en la Industria Maquiladora y al NO encontrar fuentes de trabajo o se regresan a sus lugares de origen o se pasan a Estados Unidos porque la mayoría tienen pasaportes debido a su nivel económico y cultural o pudieran dedicarse por necesidad a ofrecer sus trabajos altamente calificados a precios muy bajos, lo que "Si! Quitaría el Trabajo "a Muchos", entonces sería mejor que las cosas sigan siendo como eran Antes de que SE Fueran los trabajos de Estados Unidos.

Capítulo 11

Aquí es prudente hacer OTRA aclaración _"para aquellos ignorantes"_ que dicen que los Indocumentados les están quitando los trabajos SEPAN que los que han mandado los Trabajos a Otros Países SON los propios Inversionistas pues en la búsqueda de una mejor utilidad encontraron que haciendo ESE Trabajo en su tierra les sale MAS caro que haciéndolo en Otro País ya sea México u otro lado PERO _No son los Indocumentados_, el Trabajo SE va para otro lado por ASI convenir a los Intereses de quien está pagando por hacer ese trabajo, _entiéndanlo BIEN por favor y documéntense ANTES de decir o siquiera pensar tantas sandeces._

Para organizarnos cronológicamente en cómo han venido pasando los acontecimientos y entender el porqué PRIMERO mandaron el trabajo a Las maquiladoras y LUEGO el porqué "Se fueron las Maquiladoras" o el porqué les fue incosteable a los inversionistas extranjeros seguir Maquilando en México y "Buscar" soluciones de mano de obra tan lejanas como China, Brasil, etc., etc., pues desgraciadamente fue por "La Misma Causa" que movieron su producción de USA a México u otro lado, en busca de MAS eficiencia en el trabajo y por tanto de una mayor ganancia lo que es totalmente comprensible y justificable pues los negocios SON para hacer dinero no para estarlo tirando, perdiendo o dando NO son beneficencias SON fuentes de trabajo diseñadas para PRODUCIR Dinero y dar servicio a la comunidad, con seguridad, eficiencia y calidad.

Este problema viene creciendo desde hace algunos 10 o 15 años para acá **en que empezaron a SACAR Indocumentados**. ANTES cuando a la gente le alcanzaba su dinero para vivir iba al trabajo contenta y con positivismo, con amor a su trabajo AHORA ya la gente va a su trabajo sabiendo que aunque trabajen con ganas o SIN ganas que de todos modos le van a pagar y de todos modos NO le va a alcanzar para los gastos que la vida requiere, por lo que buscan un sinnúmero de pretextos y razones para pedir más seguridad laboral, más flexibilidad en los descansos a la hora del trabajo, más tiempo para comer "y si es posible Pagado" más razones por las cuales puedan demandar a la empresa, la manera de que los incapaciten para que les llegue un cheque SIN trabajar y siempre se estaban quejando de que además de que ganaban POCO que los Supervisores los trataban mal buscando la manera de también demandar por acoso y maltrato HASTA que les quitaron "los Trabajos" y los mandaron a "a otros lados" y ahora buscan desesperadamente "Algún Trabajo" aunque NO sea de lo que Estudiaron y en lo que gastaron tanto dinero, tiempo y esfuerzo personal y de sus padres, en fin, el asunto que nos interesa ahora ES aclarar que _NO perdieron "Los Trabajos" por causa de los Indocumentados_, las empresas serias NO Contratan Indocumentados ASI que LOS substituyeron por Ineficientes, problemáticos y POCO Productivos, no obstante que en las fábricas Estadounidenses SE trabaja con estándares y ergonomía industrial basada a la infraestructura local y las funciones están muy especializadas o sea que SOLO hacen una cosa y la mayoría de las veces ES ensamblar algo que YA estaba hecho en OTRA parte o está muy automatizado para que existan menos riesgos de fallas por error humano y sea más barato de mano de obra por requerir menos empleados.

En México La Industria Maquiladora empezó de manera más formal hacia los años de 1970 y fue creciendo hasta el año 2000 en que empezó a decrecer por muy variados problemas de los que aquí solo comentaremos algunos.

Uno de los problemas más frecuentes es que los equipos que llegaban eran en muchas de las veces YA obsoletos y en desuso pues en Estados Unidos NO los usaban por VIEJOS y muchas veces hasta estaban arrumbados en el patio y en México "los Hicieron Producir" y eran regularmente para corridas de servicio o producción para partes de modelos ya descontinuados pero que por ser equipo viejo daba bastante trabajo de mantenimiento preventivo, correctivo y ajustes durante su producción, consecuentemente NO siendo un BUEN ejemplo para "Tabularlo y sacar el Precio Promedio" como si fuera una pieza de producción regular y que obviamente en Estados Unidos No las habían hecho por incosteables y difíciles de hacer PERO que "si las pidieron" es porque "Las Necesitaban" y ESE Reporte hubiera sido MUY diferente si el Responsable de la Operación hubiera sabido ESO y lo hubiera reportado como el trabajo que "fue" con lo que quedaría BIEN tanto él como Gerente, la productividad y eficiencia de "Su Maquiladora" en México PERO lo que pasaba en ESTE caso como en muchos otros es que a ALGUNAS, (no todas las personas que mandaban como Gerentes Generales o Responsables de la Operación) pero !si! muchos ERAN personas que en su lugar de origen y en su momento habían sido supervisores, herramentistas, montacarguistas o similares y que habían Apoyado a su jefe incondicionalmente y este había logrado escalar posiciones mejores como Gerentes Latinoamericanos o Trasnacionales y en agradecimiento o "Reciprocidad" les habían DADO la Gerencia de Una Planta en México pero SIN Tener realmente la capacidad Profesional Técnica y Administrativa para evaluar y menos resolver los problemas y situaciones técnicas, contables, de personal y administrativas que la Industria presenta. Claro que si se ponían por ejemplo a manejar Un Montacargas eran buenos operadores de montacargas PERO también se convertían en el Montacarguista MAS caro del Mundo.

Como algunos de estos Gerentes de Planta No tenían los conocimientos y experiencias Profesionales para dirigir una operación de plantas con 1000 operadores en el primer turno, otros 1000 en el segundo turno y 400 o 500 operadores en el tercer turno MAS los técnicos y personal de Mantenimiento Preventivo y Correctivo en el tercer turno, en realidad NO sabían que había que hacer pues nunca lo habían hecho ni sabido y debido a esta enorme falla de falta de preparación las Maquiladoras se enfrentaron a gastos de expansión inadecuados y mas caros, aumentando con esto los costos de operación y saliéndose frecuentemente de lo presupuestado, lo que NO era culpa de México PERO en la evaluación final del reporte que tenían en sus manos los inversionistas NO tenían los resultados esperados, siendo una de las principales razones de tener que haber buscado opciones de mano de obra tan lejanas como las que actualmente se tienen y que ES otra consecuencia de esa falta de nivel académico de algunos Gerentes de Planta para hacer los reportes reales, profesionales y justos por lo que se consideró innecesario "Gastar en Capacitación y Entrenamiento" adecuado a todos los niveles, cuando eran equipos nunca antes vistos en México y una Operación tan Grande como tener 1000 empleados por turno y que con solo 9 o 10 minutos que por cualquier causa se detuviera el Proceso de Producción representarían 166 horas hombre o sean como 3 semanas y media de sueldo de un operador SOLO en 10 minutos de donde se deduce que para tener un cargo tan Importante como un Gerente de Planta de una Maquiladora de este tamaño que era muy común, pues se requería de tener los conocimientos presentes y en la mente con sus respectivas experiencias profesionales para tomar decisiones "Rápidas y Acertadas", tener "Reflejos Industriales Condicionados" y saber cómo y con quien de todos sus "departamentos de soporte" debían enfrentar y resolver ESA situación pues además de lo costoso en horas hombre, en las maquiladoras se trabaja "Bajo Presión" pues todo es para "Ayer" porque al interrumpirse cualquier parte del proceso se interrumpe todo una cadena de líneas de trabajo que si no se tiene la suficiente "Flota o reserva en Bodega" de ese modelo en especial "se para toda la producción" creando un caos que le llegara como noticia a los inversionistas como de "Ineficiencia" en las Plantas de México NO siendo culpa directa pero SI "Culpables por Consecuencia" y ESOS fueron algunas de las razones que obligaron a los inversionistas a SATURARNOS de productos Chinos.

Así que por más voluntad que estos Gerentes tuvieran y por más apoyo que quisieran darle a sus jefes que los mandaron, no tenían los recursos para enfrentar estas situaciones porque desgraciadamente no son tan reales esos dichos que dicen (algo así) que "el querer ES poder" ni que "el mismo trabajo cuesta hacer las cosas bien que mal" "NO" el humano NO adivina, para poder hacer las cosas bien, se tiene que estudiar y aprender a hacer las cosas bien NO solo "quererlo hacer" y hacer algo rápido y mal hecho no es lo mismo que hacer algo bien y detallado que se lleva más tiempo, de donde se deduce que no cuesta el mismo trabajo hacer las cosas bien que mal.

Se tuvieron otras muchas situaciones similares que aunadas a los requerimientos técnicos del equipo que estaba llegando y la infraestructura de las naves industriales que se estaban usando bajaron la eficiencia, situación que tampoco era justa cargársela a esta evaluación puesto que ESOS edificios fueron aprobados y negociados por técnicos estadounidenses o de la procedencia que fuera esa Maquila en particular.

Capítulo 12

Por último y para pasar a "La solución propuesta" comentaremos que también por falta de buena dirección no se tenía un buen control en las existencias de máximos y mínimos de todos los números de parte que se pudiera requerir para cualquier tipo de modelo que estuviera programado, ni tenían el recurso por conocimientos y experiencias Profesionales de "un Plan B" en situaciones "Inevitables o Imponderables" que en la industria se presentan con bastante frecuencia, situaciones que injustamente también se le cargaron a la evaluación de esas Maquilas en México, porque México sigue maquilando y se maquilan en la actualidad para "muchas importantes firmas" y siguen llegando mas y mas inversionistas con la programación, presupuesto, visión y el soporte técnico requerido para que sus inversiones "Produzcan eficientemente".

Haciendo como comentario final a este respecto que "no obstante" que la productividad de estas Maquilas se evaluó bajo normas tan productivas como el "Work

Factor" que no era muy nuevo pero si muy efectivo y con el que Se Pedían Ciertos "Goales" y objetivos de producción que además no obstante todas estas anomalías y deficiencias mencionadas "Se cumplieron en la mayoría de los casos" puesto que en la Formación contable de Una Maquiladora HASTA que se llega al "Goal" Indicado Se Empieza a Ganar o sea que a partir del 100% de productividad y eficiencia empieza el "Punto Cero" y se empieza a ganar y que es de donde Se Calculara el "Reparto de Utilidades" y como siempre afortunadamente hubo reparto de utilidades quiere decir que siempre hubo ganancias NO como las que pudo haber habido si se hubieran corregido las situaciones mencionadas y otras que se tuvieron pues si se hubieran CORREGIDO en su debido momento seguramente NO hubieran decidido por falta del análisis correcto, la información real y fidedigna NO habrían tomado la decisión de buscar Mano de Obra como Brasil, China y demás lugares tan lejanos a Estados Unidos para abastecer sus requerimientos como lo están haciendo en la actualidad para desgracia de todos los usuarios de esas producciones, que son argumentos y razones que más tarde usaremos para "esta Propuesta".

La mano de obra China "No es mala" sus recursos técnicos e ingeniería son buenos pues trabajan con tolerancias de + - 0,001 que quiere decir que si un milímetro que es una medida muy pequeñita lo divides en DIEZ pues queda una milésima y la exactitud de sus piezas en muchas ocasiones están en ESA tolerancia o exactitud o sea que las cosas Chinas "Si" están bien hechas pero "el Material" que Usan que ES de una calidad barata, seguramente para poder compensar los altos costos de la distancia a la que tendrán que entregarlos y los aranceles que deberán de pagar por vender a Estados Unidos por ejemplo, el caso y "lo importante" es que las cosas que compra la gente con muchos sacrificios porque NO les alcanza el dinero para vivir pues les duran Muy Poco Tiempo dando "Un Nuevo Problema" ahora por falta de dinero para reponer otra vez lo que acababan de comprar y que "ya No Sirve" y simplemente piensen en las experiencias a este respecto que ustedes mismos han tenido y digan si esto "es cierto o no" y estoy hablando "del Pueblo" no de las personas que tienen dinero de sobra y compran cosas importadas o que ni siquiera cuenta se dan si se descompuso algo o no pues para eso les pagan a personas que estén pendientes de que a ellos nunca les fallen las cosas, so pena de correr al responsable de que al estarlo usando le falle algo "cualquier cosa".

Habiendo visto hasta ahorita varios aspectos, razones y motivos suficientes para llegar a la conclusión que "Es

Extremadamente Urgente" retomar las riendas y el control de todas las situaciones y aprovechando que la actual juventud ha sido considerada como la generación "millenium" o milenio que la componen los nacidos entre los años de 1980 a 2000 que de una u otra manera como ya lo comentamos anteriormente "No" están interesados por los trabajos que hacían sus padres o abuelos y que es una generación digitalizada, donde ya los niños nacen con mucha facilidad para aprender y dominar las computadoras o al menos con una gran intuición para entenderlas, aprenderlas y dominarlas, no siendo generaciones aptas para el sufrimiento y trabajos pesados como los que hacían los que ahora "Ya Sacaron" pero teniendo el dominio del Internet y las redes sociales donde podrán checar y corroborar que lo que se ha dicho aquí es lamentablemente cierto, al igual que todos podrán corroborar que la vida cada vez es más difícil los trabajos MAS escasos pero NO porque los Indocumentados los tengan pues ya comentamos también que los trabajos que hacían los Indocumentados ahora NADIE los hace y que es una de las principales razones del encarecimiento de la vida y ¿Ahora qué Hacemos? pues es el momento de que los adultos jóvenes "La Generación Millenium" corroboren todas estas situaciones aprovechando su dominio de las redes sociales y el internet en general y que también al parecer su puntuación de IQ es más alta, les gusta la independencia en el trabajo prefiriendo de alguna manera crear sus propias fuentes de trabajo como empresarios independientes, viajeros, abiertos a los cambios, a entender y adoptar culturas extranjeras, que muchos de ellos ya tienen grandes inversiones en sus estudios universitarios , post-grados y doctorados pero que lamentablemente también como consecuencias lógicas del caos estructural y económico que se está viviendo en Estados Unidos, la mayoría NO está desplazando en lo que estudiaron PUES es el momento de empezar nuevamente y MUY propicio a Estados Unidos para recuperar el Slogan de "Made in USA" para que toda esta nueva generación y las generaciones venideras se encarguen de rescatar, manufacturar y comercializar esta producción para "El Mundo" volviendo a ser Estados Unidos el País que ERA y es aquí donde Volvemos a Insistir en una "Reforma Migratoria" que ES "Urgente" tanto para los Indocumentados como para la economía de Estados Unidos y ahí va la propuesta de la manera MAS Concreta posible:

Basados en las experiencias que en "La Industria Maquiladora" se han tenido y con la plena seguridad de que es posible corregir las anomalías y deficiencias técnicas desde la instalación de las plantas industriales, con los procesos de producción adecuados a la idiosincrasia del personal que laborara en estas plantas, y con la infraestructura adecuada desde el principio, con la implementación de buenos programas de capacitación, motivación y corrigiendo desde ANTES de empezar los principales errores que con "Buena Voluntad" y las experiencias obtenidas, se Puede lograr el resurgimiento de Estados Unidos y el progreso de las comunidades que quieran participar en este proyecto !!!Si Se Puede!!!

Y la sugerencia es que se CORRIJAN desde su diseño o de raíz estos errores que han llevado al caos laboral, social, moral y económico que vivimos tanto en Estados Unidos como en México, Centroamérica, Sudamérica y algunos otros lugares del Mundo pues ha habido una gran corriente de gente decidida a trabajar en Estados Unidos en beneficio de ellos mismos y del propio Estados Unidos y lo que ha hecho, ahora lo que falta es SOLO saber aprovechar la oportunidad que les representa tanta mano de obra calificada y dispuesta a trabajar.

Es un problema enorme la encomia y los problemas migratorios pero es SENCILLO terminar con ellos de manera productiva para todos, tanto para las personas que vienen a trabajar como para sus países de origen y muy productivo y satisfactorio para Estados Unidos con lo que compondría en gran parte la situación migratoria, económica y social del País.

Simplemente en vez de tener la "BARDA divisoria" de vergüenza y de discordia que se tiene en la frontera con México y que de "Pilón" en la actualidad existen "Candidatos Locos" que la quieren REFORZAR, mejor que "en su lugar" y "del lado de Estados Unidos" en los límites territoriales con México se "Conviertan" en una FRANJA Divisoria de Fabricas Estadounidenses donde todo lo que se produzca lleve la leyenda de "Made in USA" retomando con esta simple acción el poder y la fama del País MAS Poderoso del Mundo.

Haciendo "Productos Terminados" NO números de parte como se hacían en "Las Maquiladoras en México" y ahora con toda ESA "mano de obra calificada y experimentada" hacer y ensamblar TOTALMENTE hecho en USA todo lo que El Mundo Necesita aprovechando "la triste fama que tiene lo hecho en China" de que es de mala calidad y no dura, pues ESO no es necesario pensarlo mucho para saber que ES verdad simplemente veamos cada uno de nosotros en nuestras propias experiencias y repercusiones económicas y veremos que "Es Cierto" que Lo Hecho en China Desgraciadamente y por cualquier Razón PERO "no Dura Mucho" por lo que "El Mundo" recibiría con MUCHO beneplácito el regreso del "Made in USA" siendo el éxito económico que Estados Unidos Necesita y la solución a CASI todos los problemas que se están viviendo por lo que decimos que La "Reforma Migratoria" Estados Unidos !Nos la Debe! **y sería muy útil para todos** pues en estos críticos momentos "!Se Necesita!" olvidando viejas rencillas, situaciones históricas, resentimientos, discriminaciones, rencores y demás cosas que solo estorban a la humanidad, recordemos que somos energía, seamos energía positiva, recordemos que la mente domina al cuerpo, pues dirijámonos por el camino sano, justo, productivo, fraternal y del bien.

Y para que esta operación Industrial, económica, migratoria y de todos tipos pueda "Ser Una Realidad" es TAN simple como La Instalación de Naves Industriales económicas PERO bien calculadas pensando en expansiones futuras, con procedimientos de producción adecuados a la fuerza de trabajo que se tendría, con ergonomía, seguridad, calidad, eficiencia y productividad pero de construcción practica y económica con capacidad de "Dar Trabajo" a todos los que quisieran formar parte de este proyecto.

Teniendo TODAS estas personas o empleados que cubrir y pagar TODOS los requerimientos de Migración, permisos de trabajo, libertad para invertir en la castigada industria inmobiliaria de Estados Unidos, permiso para vivir las casas que compren como inversionistas extranjeros PERO con permiso de trabajar

SOLO en la Nueva Franja divisoria que ahora sería "Una División de fraternidad, trabajo, productividad y progreso" permisos con sus respectivos impuestos y aseguranza para usar los carros que compren en la también muy castigada Industria Automotriz de Estados Unidos, pagando sus respectivas licencias de manejo y demás requerimientos legales de Estados Unidos y PAGANDO sus impuestos de trabajo tanto a Estados Unidos como a sus Países de Origen que ya han gastado bastante dinero en capacitarlos adecuadamente.

Dando esto origen a que también DENTRO de ESA "Reforma Migratoria" BIEN diseñada tenga cabida este programa y el hecho de estudiar en qué momento algunas de esas personas pudieran CALIFICAR para por su ingreso, constancia en el trabajo, rendimiento y productividad puedan "Aplicar" satisfaciendo TODOS los requerimientos de los diferentes departamentos para CALIFICAR como residentes legales de Estados Unidos que mas tarde y cumpliendo con todos los requisitos de ley pudieran ser Ciudadanos Americanos con lo que la "Fuerza de Trabajo" de Estados Unidos cada día sería mejor y más calificada consecuentemente mas solida y prospera para "todo el Pueblo" o los casi 400 millones de habitantes que representan la Población ya muy castigada económicamente hablando de Estados Unidos.

Dando este "Repunte Económico" la oportunidad tan esperada de "Acomodarse dignamente" tantos jóvenes y adultos Estadounidenses que han invertido tiempo, dinero y esfuerzo en una superación académica y que tristemente "No Encuentran Trabajo" pues o NO hay trabajo para ESE Nivel o les dicen que están "Sobre calificados" para otros niveles y "Claro" si NO hay dinero NO hay Industria para que querrían "Producir" si NO va a haber quien tenga dinero para comprar.

Si no creen que esto Es una realidad vean y en su familia o entre sus conocidos seguramente existe un caso similar y ¿Saben por qué? porque ES una realidad, es la triste realidad que se está viviendo, con lo que regresaríamos a que tanto "La Generación Millenium" como sus padres estarían felices y orgullosos de pertenecer a Estados Unidos tierra de oportunidades, opinemos, apoyemos y votemos por Una Reforma Migratoria BIEN diseñada y justa que **incluya estas u otras mejoras que resuelvan los problemas actuales** en bien de todos y que Dios Bendiga a América.

¿Para qué andar MEJORANDO o "Ayudando" a lugares tan distantes? si aquí es donde se necesita ese apoyo y crecimiento, para bien de la comunidad propia y cercana pues entre menos problemas económicos tengan los vecinos territoriales, menos problemas sociales llegaran a Estados Unidos y si hubiera problemas delictivos, de drogadicción y demás, entonces si se pudieran de manera justa "endurecer" y ser más estrictos los castigos a quien hiciera ese tipo de delitos pues ya no tendrían el pretexto "que en la actualidad tienen" de que NO hay trabajo y por ende NO tienen el dinero indispensable ni para comer y vivir ya no digamos para vestir, servicios médicos y de vez en cuando tener algún paseo.

Así que con una situación económica caótica dentro de la Unión Americana, con la mayoría de sus comercios cerrados por falta de dinero para pagar la renta, ni clientes que compren por no haber dinero porque NO hay trabajos, con la industria inmobiliaria y automotriz en franca decadencia. Con muchísimos establecimientos cerrados también en las fronteras de México con Estados Unidos por la delincuencia que aumentó considerablemente en las fronteras, centro y sur de la República Mexicana desde que cerraron en las fronteras "El Paso" de las drogas que venían a través de la República Mexicana rumbo a Estados Unidos que es donde las compraban y al sufrir todas las fronteras el "efecto Embudo" situación que al parecer no ha servido de nada pues "desgraciaron" a TODA la República Mexicana PERO en Estados Unidos siguen consumiendo todo tipo de Drogas ¿se estarán abasteciendo de otras partes? por todas las situaciones anteriormente expuestas y con una esperanza firme en que una "Reforma Migratoria Adecuada" y justa es la solución a la mayoría de tales problemas, presentamos esta obra a su respetable consideración, esperando sirva para ordenar de manera cronológica o por etapas que históricamente se han VIVIDO, sus propias ideas y criterio para PEDIR de manera "más ordenada" y basada en hechos reales esta Reforma Migratoria, esperando lo comenten entre ustedes y me incluyan a mí si así lo desean para preparar ESTA Petición de Otra Manera pues la que se ha usado "NO ha sido efectiva".

****

Gracias por su patrocinio y si "Les Gusto" recomiéndenos por favor con sus parientes, vecinos, amigos, etc., etc., etc., para que nos apoyen leyendo este y otros títulos de esta Serie PERO si no les gusto por favor coméntenos porque no les gusto para mejorarlo. Gracias y Salu2

¿*Realidades o Novelas*?

que Son **Escritos Cortitos** pero **Dicen MUCHO**

para opiniones, preguntas y comentarios:

al correo electrónico   javyjg@yahoo.com   o en FACEBOOK @realidadesonovelas   o en TWITTER @realidadesonovelas